Bei Gott wohnt die Freude
und von ihm kommt sie herab
und ergreift Geist, Seele und Leib,
und wo diese Freude
einen Menschen gefasst hat,
dort greift sie um sich, dort reißt sie mit,
dort sprengt sie verschlossene Türen.
Darum ist rechte Freude
selbst immer etwas Unbegreifliches,
sowohl für die anderen als auch
für den, der sie empfindet.

Dietrich Bonhoeffer

Gottes Wege sind die Wege,
die er selbst gegangen ist
und die wir nun mit ihm gehen sollen.
Keinen Weg lässt uns Gott gehen,
den er nicht selbst gegangen wäre
und auf dem er uns nicht voranginge.

Jeder neue Morgen ist ein neuer Anfang

Jeder neue Morgen ist ein neuer Anfang unseres Lebens. Jeder Tag ist ein abgeschlossenes Ganzes. Der heutige Tag ist die Grenze unseres Sorgens und Mühens. Er ist lang genug, um Gott zu finden oder zu verlieren, um Glauben zu halten oder in Sünde und Schande zu fallen. Darum schuf Gott Tag und Nacht, damit wir nicht im Grenzenlosen wanderten, sondern am Morgen schon das Ziel des Abends vor uns sähen. Wie die alte Sonne doch täglich neu aufgeht, so ist auch die ewige Barmherzigkeit Gottes alle Morgen neu.

Dietrich Bonhoeffer

Von guten Mächten wunderbar geborgen,
erwarten wir getrost, was kommen mag.
Gott ist bei uns am Abend und am Morgen
Und ganz gewiss an jedem neuen Tag.

Dietrich Bonhoeffer

Gott ist bei uns
an jedem neuen Tag

Herzliche Segenswünsche
mit Bildern von Marc Chagall

benno

Möge der Himmel

den du siehst, immer blau sein,

und mögen deine Träume

sich erfüllen.

Deine Freunde sollen

wahrhaftig sein,

und deine Freude sei vollkommen.

Mögen Glück und Lachen

deine Tage erfüllen –

jetzt und immerdar.

Irischer Segenswunsch

Psalm 23

Mein Gott, du bist wie ein Hirte zu mir;
darum wird mir nichts mangeln.
Du lässt mich in saftigen Wiesen rasten,
du geleitest mich zum Ruheplatz am Wasser.
Du erquickst meine Seele, du führst mich auf dem
rechten Weg, dafür bürgt dein Name.
Selbst wenn ich wandern müsste im Schatten des Todes
durch finstere Schlucht, ich fürchte nichts Böses,
denn du bist mit mir.
Dein Hirtenstab und deine Weidekeule, sie geben mir Mut.
Du deckst mir den Tisch vor den Augen meiner Bedränger.
Du salbst mein Haupt mit Öl, füllst mir randvoll den Becher.
Deine Güte und Liebe folgen mir alle Tage meines Lebens,
und ich will bei dir bleiben mein Leben lang.

Übersetzt von Augustinus Kurt Fenz

Wie ein Fest

Du musst das Leben nicht verstehen,
dann wird es werden wie ein Fest.
Und lass dir jeden Tag geschehen,
so wie ein Kind im Weitergehen
von jedem Wehen
sich viele Blüten schenken lässt.

Sie aufzusammeln und zu sparen,
das kommt dem Kind nicht in den Sinn.
Es löst sie leise aus den Haaren,
drin sie so gern gefangen waren,
und hält den lieben jungen Jahren
nach neuen seine Hände hin.

Rainer Maria Rilke

Lebenssegen

Keinen Tag soll es geben, da du sagen musst:
Niemand ist da, der mir hilft in meiner Not.

Keinen Tag soll es geben, da du sagen musst:
Niemand ist da, der mich erfüllt mit seinem Trost.

Keinen Tag soll es geben, da du sagen musst:
Niemand ist da, der mich hält in seiner Hand.

Keinen Tag soll es geben, da du sagen musst:
Niemand ist da, der mich leitet und begleitet
auf allen meinen Wegen – Tag und Nacht.
Sei gut behütet und beschützt.

Uwe Seidel nach Psalm 21

Ein Gedanke schön und wahr

Ich wünsche, dass dein Glück
sich jeden Tag erneue,
dass eine gute Tat
dich jede Stund erfreue!
Und wenn nicht eine Tat,
so doch ein gutes Wort,
das selbst im Guten wirkt,
zu guten Taten fort.
Und wenn kein Wort,
doch ein Gedanke schön und wahr,
der dir die Seele mach
und rings die Schöpfung klar.

Friedrich Rückert

Gute Wünsche

Ich wünsche dir Augen, die die kleinen Dinge des Alltags
wahrnehmen und ins rechte Licht rücken.
Ich wünsche dir Ohren, die die Schwingungen und Untertöne
im Gespräch mit anderen aufnehmen.
Ich wünsche dir Hände, die nicht lange überlegen,
ob sie helfen und gut sein sollen.
Ich wünsche dir zur rechten Zeit das richtige Wort.
Ich wünsche dir ein liebendes Herz,
von dem du dich leiten lässt.

Adalbert Ludwig Balling

Für jeden Tag

Ich wünsche dir Freude, Liebe, Glück,
Zuversicht, Gelassenheit, Demut.
Ich wünsche dir Güte –
Eigenschaften, die dich das werden lassen,
was du bist und immer wieder werden willst –
jeden Tag ein wenig mehr.

Adalbert Ludwig Balling

Gute Gedanken

Ich wünsche dir genügend Erholung,
Arbeit, die Freude macht,
Menschen, die dich mögen und dir Mut machen,
aber auch Menschen, die dich anregen und die dir weiterhelfen,
wenn du traurig, müde und erschöpft bist.
Ich wünsche dir viele gute Gedanken
und ein Herz, das überströmt in Freude
und diese Freude weiterschenkt…

Adalbert Ludwig Balling

Nimm dir Zeit

Nimm dir Zeit zu arbeiten –

das ist der Preis des Erfolges.

Nimm dir Zeit zu denken –

das ist die Quelle der Macht.

Nimm dir Zeit zu spielen –

das ist das Geheimnis der ewigen Jugend.

Nimm dir Zeit zu lesen –

das ist die Quelle der Weisheit.

Nimm dir Zeit, freundlich zu sein –

das ist der Weg zum Glück.

Irischer Segenswunsch

Nimm dir Zeit

Nimm dir Zeit zu träumen –

das ist der Weg zu den Sternen.

Nimm dir Zeit, zu lieben und geliebt zu werden –

das ist das Vorrecht der Götter.

Nimm dir Zeit, dich umzusehen –

der Tag ist zu kurz, um selbstsüchtig zu sein.

Nimm dir Zeit zu lachen –

das ist Musik für die Seele.

Irischer Segenswunsch

Segen für ein ganzes Jahr

Segne den ersten Tag,
mein Gott, und den letzten.

Meine Hände mögen segnen,
was sie berühren.
Meine Ohren mögen segnen,
was sie wahrnehmen.
Meine Augen mögen segnen,
was ihnen begegnet.
Mein Mund möge segnen
mit jedem Wort.

Von guten Mächten wunderbar geborgen

Von guten Mächten treu und still umgeben,
behütet und getröstet wunderbar,
so will ich diese Tage mit euch leben
und mit euch gehen in ein neues Jahr.

Lass warm und hell die Kerzen heute flammen,
die du in unsre Dunkelheit gebracht,
führ, wenn es sein kann, wieder uns zusammen.
Wir wissen es, dein Licht scheint in der Nacht.

Wenn sich die Stille nun tief um uns breitet,
so lass uns hören jenen vollen Klang
der Welt, die unsichtbar sich um uns weitet,
all deiner Kinder hohen Lobgesang.

Von guten Mächten wunderbar geborgen
erwarten wir getrost, was kommen mag.
Gott ist bei uns am Abend und am Morgen
und ganz gewiss an jedem neuen Tag.

Dietrich Bonhoeffer

»In der Kunst wie im Leben ist alles möglich, wenn es auf Liebe begründet ist.«

Marc Chagall

Chagall wurde am 6. Juli 1887 als ältestes von neun Kindern einer jüdischen Familie in der Nähe von Witebsk (Weißrussland) geboren. Von 1907 bis 1910 besucht er in St. Petersburg erst die Schule der kaiserlichen Gesellschaft zur Förderung der Künste und danach die Swansewa-Schule, wo er mit der neueren Malerei vertraut wurde.

1911 erhält er ein Stipendium und geht nach Paris. Dort entstehen seine ersten bedeutenden Bilder, in denen er die Motive seiner dörflichen Herkunft verarbeitet. Er bleibt bis 1914 in seinem Pariser Atelier »La Ruche«. In dieser Zeit entsteht auch das berühmte Gemälde »Der Geiger«, das durch das Symbol des »Fiedlers auf dem Dach« bekannt wurde.

Seine erste Einzelausstellung findet in der Berliner Galerie »Der Sturm« 1914 statt.

1915 heiratet Chagall in seiner Heimatstadt Witebsk seine Frau Bella und gründet seine erste Kunstschule. Später geht er nach Moskau, wo er Bühnenbilder entwirft.

1922 verlässt er aufgrund der politischen Entwicklungen Russland endgültig und siedelt nach Paris über. In der Zeit zwischen 1923 und 1930 entstehen auch seine berühmten Buchillustrationen, so zu Gogols »Tote Seelen« und den Fabeln von La Fontaine, sowie die ersten Bibelillustrationen.

Im Jahr 1931 erscheint die Autobiografie »Mein Leben« und Marc Chagall reist nach Palästina, Syrien und Ägypten für seine Studien zur Illustration der Heiligen Schrift.

Zwischen 1950 und 1970 entstehen seine großen Mosaike und Glasfenster, so unter anderem für die Kathedrale in Reims, das Fraumünster in Zürich, die Synagoge der Hadassah-Universitätsklinik Jerusalem, die Kirche St. Stephan in Mainz und das UN-Gebäude in New York.

1973 wird sein Museum in Nizza Message Biblique, das vornehmlich seine großen, religiösen Bilder zeigt, eröffnet und er kann zum ersten Mal wieder nach Moskau und Leningrad reisen.

Am 28. März 1985 stirbt Marc Chagall in Saint-Paul de Vence.

Bibliografische Information der Deutschen Nationalbibliothek
Die Deutsche Nationalbibliothek verzeichnet diese Publikation in der Deutschen Nationalbibliografie; detaillierte bibliografische Daten sind im Internet über http://dnb.d-nb.de abrufbar.

Quellenverzeichnis
Texte:
Adalbert Ludwig Balling, Ich wünsche dir. © Missionare von Mariannhill
Uwe Seidel, Keinen Tag soll es geben. Aus: Hanns Dieter Hüsch/Uwe Seidel, Ich stehe unter Gottes Schutz, Seite 155, 2018/16 © tvd-Verlag Düsseldorf, 1996

Bilder:
Cover, S. 17: Le fenêtre de l'atelier (Blumenstrauß vor dem Atelierfenster, 1976), 92 × 73 cm, Öl auf Leinwand, Privatsammlung © ARTOTHEK
S. 7: Bouquet de violettes (Veilchenstrauß, 1977), 60,5 × 49,4 cm, Öl auf Leinwand, Christie's Images Ltd © Christie's Images Ltd / ARTOTHEK
S. 9: Les Roses en hiver (Blumenvase, winterliches Dorf und Frau auf Ziege, 1938), 60,7 × 48,6 cm, Gouache/Papier/Holz, Christie's Images Ltd © Christie's Images Ltd / ARTOTHEK
S. 11: Le bouquet (Blumenstrauß rot-blau, 1982), 81 × 65 cm, Öl auf Leinwand, Privatsammlung © ARTOTHEK
S. 13: L'arbre de Jesse (Der heilige Baum, 1975), 130 × 81 cm, Öl auf Leinwand, Privatsammlung © ARTOTHEK
S. 15: Les Glaïeuls (1965), interprétation lithographique Charles Sorlier, 39 × 26 cm, Lithografie, Privatsammlung © ARTOTHEK
S. 19: Le peintre (1978), 65 × 50,2 cm, Öl auf Leinwand, Christie's Images Ltd © Christie's Images Ltd / ARTOTHEK
S. 21: Mariés aux pivoines (Liebespaar und Pfingstrosenstrauß, 1982), 45,9 × 33,1 cm, Öl auf Leinenkarton, Christie's Images Ltd © Christie's Images Ltd / ARTOTHEK
S. 23: Der rote Vogel (1968–1972), 73 × 59,7 cm, Öl auf Leinwand, Christie's Images Ltd © Christie's Images Ltd / ARTOTHEK
S. 25: Roses de Noel (Der weihnachtliche Rosenstrauß, 1978), 65,5 × 54,4 cm, Öl auf Leinwand, Christie's Images Ltd © Christie's Images Ltd / ARTOTHEK
S. 27: Vase mit Sommerblumen (1969–1971), 100x73 cm, Öl auf Leinwand, Privatbesitz © Peter Willi / ARTOTHEK
S. 30: Porträt, Archivfoto aus dem Jahr 1979 © picture-alliance / dpa | Pressensbild
Alle Bildrechte an Marc Chagalls Werken: © VG Bild-Kunst, Bonn 2024

Besuchen Sie uns im Internet:
www.st-benno.de

ISBN 978-3-7462-6609-1

© St. Benno Verlag GmbH
Zusammengestellt und herausgegeben von Volker Bauch, Leipzig
Umschlag: Ulrike Vetter, Leipzig
Gesamtherstellung: Arnold & Domnick, Leipzig (C)